ÉLOGE
DE ROLLIN.

Autres Ouvrages de l'Auteur, qui vont être réimprimés.

De la Critique littéraire exercée sur-tout par les journalistes (imprimé à Marseille, en 1815, chez Achard).

Variétés politiques et littéraires (imprimé à Nisme en 1816, chez Gaude fils).

Imprimerie de P. GUEFFIER, rue Guénégaud, n° 31.

ÉLOGE

DE ROLLIN,

DISCOURS QUI A CONCOURU POUR LE PRIX D'ÉLOQUENCE PROPOSÉ PAR L'ACADÉMIE FRANÇAISE EN 1816;

PAR M. MAILLET-LACOSTE,

Professeur de Rhétorique au Collége royal de Montpellier, Membre de l'Académie du Gard, ancien Élève de l'École Polytechnique.

Prix : 1 fr. 50 c.

A PARIS,

Chez J. J. PASCHOUD, Libraire, rue Mazarine, nº 22;
Et chez DELAUNAY, Libraire, au Palais-Royal.

1818.

ÉLOGE

DE ROLLIN.

La France échappe au danger des fausses doctrines ; un Roi réparateur monte sur le trône ; et la première de nos assemblées littéraires propose l'éloge de Rollin au concours de tous les talens. Ce sera donc un premier trait et le plus frappant de cet éloge, que son époque. Et après les écarts de tant d'esprits superbes, pouvait-on mieux consacrer, mieux annoncer la nouvelle ère où nous entrons, que par les louanges de l'homme en qui le talent fut toujours l'instrument de la vertu ! Tout en lui, je le sais, semblerait s'opposer d'abord au grand éclat d'un éloge académique : l'obscurité de sa naissance ; la profession à laquelle il s'est dévoué ; le caractère habituel de ses vertus où la douceur domine ; le caractère habituel de son talent qui, dans la plus grande partie de ses ouvrages les plus connus, nous montre plutôt l'homme de bien et l'homme de goût que l'écrivain de génie. Mais si nous savons l'apprécier sur tous les points, la gloire dont il a joui pendant sa vie cessera d'être pour la plupart de nous une énigme. Nous le verrons déployer, dans la première partie de sa carrière, l'une des imaginations les plus heureuses ; dans la seconde, l'une des âmes les plus fortes ; et tout ensemble, soit dans l'enseignement, soit hors de l'enseignement, se montrer constamment à nous, sous l'un des points de vue les plus imposans aux yeux même de cet orgueil que séduit le prestige des grandeurs. Et ces traits saillans que je vous désigne d'avance, brilleront à vos regards sur le fonds précieux de ces aimables qualités de l'esprit et du cœur, dans le cortége desquelles il se présente à toutes les imaginations sans le secours de nos éloges.

Les commencemens de sa vie nous offrent un de ces combats trop fréquens dans les hommes célèbres, entre la fortune et la nature. Une mère, dont l'esprit pénétrant pouvait soupçonner le sien, se voyait contrainte avec douleur de le retenir dans les travaux obscurs de la profession paternelle (*), pour en faire, à l'instant, un soutien de sa famille. Mais un digne membre de cette congrégation fameuse qui, dans tout le monde chrétien, s'était consacrée à la religion et à la science, a déja vu qu'il pouvait être un ornement de l'État; et tandis que cet enfant, marqué dès-lors du sceau de sa gloire future, bien différent de ces esprits indociles qui résistent à tous les bienfaits de l'instruction, luttait contre le sort pour les conquérir; cet homme, dont j'ai cherché vainement le nom, pour le prononcer ici avec l'accent de la reconnaissance, vient faire tomber tous les obstacles. Grâce à son active bienveillance, celui qui devait nous enseigner à répandre les trésors de l'éducation, n'en sera pas privé lui-même.

(*) Il était fils d'un coutelier.

Le jeune Rollin devient comme l'enfant adoptif(*) de ces hommes généreux, qui ont voulu qu'une partie de leur fortune coulât sur les générations futures, pour développer sur-tout ces génies heureux qu'un sort jaloux pouvait dérober à l'État. Dans cette position nouvelle il a bientôt payé sa dette, ne fût-ce que par l'exemple de toutes les vertus que peut comporter son âge. Telle est l'amabilité de son caractère, que le premier besoin de ses rivaux éclipsés est de vanter leur vainqueur. Un grand nombre de familles s'empressent de le connaître, de l'accueillir, d'embellir de sa présence les journées où elles peuvent jouir de leurs enfans; elles viennent, pour ainsi dire, le disputer à son heureuse mère. Toute la jeunesse studieuse, à son seul nom, redouble d'activité; et par cet ascendant d'une conduite exemplaire, il commence, à son insu, comme élève, ce grand ouvrage du perfectionnement des études, qu'il doit continuer comme professeur,

(*) Il est nommé boursier au collége des Dix-Huit.

comme chef d'enseignement, comme écrivain. C'est aux plus grands personnages qu'il inspire le plus vif enthousiasme. La plus brillante noblesse croit s'honorer lorsqu'elle l'honore. A la tête de ces illustres appréciateurs d'un mérite naissant, de ces hommes avides d'en accélérer les développemens ou d'en récompenser les efforts, nommons ce vertueux ministre, Lepelletier, qui, en embrassant le modeste vainqueur de ses deux fils, semblait toujours en embrasser un troisième. A côté de ce nom, si honoré dans la magistrature, plaçons celui d'Hersan, non moins honoré dans cette Université, dont il refusa d'être le chef, tandis qu'il en était la gloire. Dans la pensée d'Hersan, Rollin le remplacera un jour sous le fardeau de l'enseignement : il le remplace déjà dans ces productions légères où il faut exprimer en vers gracieux les sentimens les plus délicats, les plus tendres. C'est au jeune Rollin que le professeur consommé renvoie tous ceux qui, par d'honorables importunités, veulent lui faire payer les intérêts de sa gloire en demandant un tribut à sa muse latine.

Rollin paie pour lui ; et cette jeune plante, qui s'élève toujours, mêle déjà ses fleurs aux fruits de ce bel arbre, sous lequel elle grandit, et qui peut bien les croire aussi les siennes. Une grâce paraîtrait avoir manqué à une si aimable enfance. Elle n'a pas su briller dans ces représentations dramatiques, que l'on offrait alors comme appât à un public frivole, pour ménager aux travaux de la jeunesse quelques-uns de ces applaudissemens qui devaient être ensuite prodigués à ses jeux (*) ; représentations devenues trop souvent, dans nos écoles, un vain luxe, qui non-seulement servoit à couvrir une disette réelle de richesses littéraires, mais même la produisait, par la direction malheureuse donnée aux esprits. La rectitude de l'âme simple et candide de Rollin se refusait à tous ces artifices, à toutes ces transformations où l'homme disparaît pour faire place à l'acteur : en sorte que l'on seroit tenté d'admi-

(*) La séance commençait par l'examen, et finissait par la pièce.

rer en lui une vertu de plus, là où l'on voit un talent de moins. Le seul rôle qu'il saura bien remplir, ce sera celui de défenseur de la morale et du goût, dans un siècle de corruption et d'erreurs. Il vous tarde sans doute de le voir sur ce théâtre éclatant, où lui seul s'est étonné de sa gloire. Pour moi, j'aime à prolonger mon discours sur son enfance, comme je sens qu'il aurait voulu la prolonger lui-même. Oui, pour peu que nous sachions lire dans cette âme, qui chérissait avant tout la vertu et la science, nous devons voir qu'il aurait voulu rester toujours dans cette période de la vie où dorment encore ces passions terribles, qui, une fois éveillées, contrarieront tous nos efforts pour la vertu et pour la science. Ces nobles dispositions se découvrent bien dans la première harangue latine qu'il prononça, lorsqu'à vingt-deux ans, en 1684, forcé enfin de se produire au grand jour, il se vit traîner comme une victime à la chaire de Seconde du collége de Plessis. Nous pouvons dire que dans ce discours il a payé un tribut à la jeunesse, à cet âge des erreurs, par la plus aimable de toutes. Ne pouvant se prêter à cette idée pénible d'un divorce entre la vertu et la science, s'obstinant à unir dans sa pensée ce que la société nous montre si souvent séparé, il prononce que sans la vertu, sans la piété, il nous est impossible de parvenir à une véritable science. Cependant, lorsqu'il s'égare ainsi dans sa théorie à force de vertu, ne nous égarons pas nous-mêmes dans nos jugemens par un excès de sévérité. Si nous considérons combien la bassesse de l'âme dégrade le génie, combien l'orage des passions contrarie les paisibles procédés de l'esprit dans ses investigations laborieuses, nous serons forcés de convenir qu'il entre dans cette opinion un grand fonds de vérité, bien capable d'animer un discours : aussi en fait-il jaillir les plus brillans détails. Quant à l'erreur qu'il y a mêlée, voyons-la comme la poésie de son ouvrage, comme la fiction d'une âme digne d'un monde meilleur.

Parlerai-je maintenant du style d'une harangue latine faite par un Français, lorsqu'il me semble voir sourire plusieurs de nos modernes dédaigneux, qui considèrent comme perdu, comme enseveli, tout l'esprit que nous voudrions faire passer dans cette langue appelée morte? Ils se persuadent qu'il ne nous est pas même donné de l'écrire médiocrement; comme si, pour y porter la même supériorité que les plus grands écrivains de l'ancienne Rome, nous n'avions pas les plus beaux moyens de tous, qui sont leurs chefs-d'œuvre; comme si même, à côté d'un tel secours, leur conversation, que l'on regrette, ne se présenterait pas quelquefois comme un obstacle, puisque leurs chefs-d'œuvre nous montrent la plus belle partie d'eux-mêmes, et que leur conversation nous les montrerait avec leurs négligences. Ce préjugé, si peu fondé, comme vous voyez, se reproduira cependant toujours, par je ne sais quel inconcevable prestige. Il se maintiendra non-seulement comme la consolation de ceux qui ne savent pas cette belle langue des Romains, mais comme le travers de ceux qui la savent. Et n'en voyons-nous pas un exemple dans le célèbre Muret, qui a pu lui-même soutenir cette opinion, aussi fausse qu'elle est commune, et qui la réfutait si bien à l'instant, par le style dans lequel il l'exprimait ? A l'exemple de ce professeur distingué, Rollin, dans ce premier discours, reproduit avec une profusion étonnante les plus belles formes de la phrase de Cicéron. Ce sont, pour ainsi dire, des moules toujours présens où coule sa pensée. Il est vrai que son imagination, incessamment attirée vers les ouvrages d'un si grand écrivain, ne poursuit pas toujours avec assez de force les idées propres au sujet, sur-tout lorsqu'elles résistent à l'expression oratoire. L'invention, chez lui, se trouve quelquefois sacrifiée à l'élocution ; et quelquefois encore cette élocution elle-même, plutôt prise qu'imitée de l'auteur ancien, comme une fleur enlevée à sa tige, ne présente aucun coloris de fraîcheur et de vie. Ne vous hâtez pas toutefois de prononcer sur l'étendue de son talent. Avec quelques années de plus, donnant plus de vigueur à sa pensée, et de liberté à son expression, il se montrera le rival souvent heureux de ce petit nombre d'illustres modernes, en qui cette langue des Romains revit, non-seulement parée de toutes ses grâces, mais même dégagée de certaines formes, qui, pour la rendre plus difficile dans les anciens, ne la rendent pas plus belle.

Dès 1688 on put voir un progrès marqué dans son talent, lorsqu'au milieu d'une paix brillante il prononça cet éloge d'un prince pacifique, piége admirable tendu par son humanité à l'âme guerrière d'un grand roi dont le seul défaut est d'avoir outré la grandeur. Il succédait alors à Hersan dans la chaire d'éloquence du collége royal, comme il venait de lui succéder dans la chaire d'éloquence du collége de Plessis, lorsque ce professeur était appelé par le marquis de Louvois, ministre, à l'éducation d'un fils de la plus belle espérance; et c'était Hersan lui-même, qui éprouvant pour son disciple une tendresse et une admiration toujours plus vives, avait fait accumuler sur cette jeune tête ces deux dignités littéraires. Ah! saluons-le à son départ de cette Université, où, par un dernier bienfait, il se donne un si digne successeur. Ayons encore les yeux sur lui, comme il continuera d'avoir les yeux sur elle, puisque, pour contribuer à la prospérité du collége de Beauvais, au moment où Rollin en deviendra le chef, il doit faire sentir à ce disciple chéri cette main bienfaisante (*), qui, dans son enfance, avait su lui donner d'autres secours que ceux de l'instruction. Suivons-le par honneur jusqu'à sa tombe. Interrompre l'éloge de Rollin, pour celui d'Hersan, c'est remplir le vœu le plus cher de Rollin, qui, ce me semble, repousse toutes nos louanges pour les renvoyer à son maître. Après avoir répondu à l'attente d'un grand ministre, dans l'instruction de son fils; après s'être constamment oublié auprès d'un personnage si distingué, pour se rendre l'interprète des malheureux, pour jouer le rôle sublime de la bonté imprimant une direction heureuse à la puissance; recherchant l'obscurité, comme d'autres pourraient rechercher

---

(*) Il donna mille écus.

la gloire, il se retire à Compiègne, sa patrie. Là, il fonde une école florissante en faveur des enfans pauvres: il s'y fait lui-même leur instituteur; et par une belle erreur d'un zèle toujours croissant, il entreprend une fondation nouvelle à laquelle sa fortune ne peut plus suffire. Arrivé ainsi à ses derniers momens, après une succession de sacrifices qui ne lui laissent plus d'autres richesses que ses vertus, il sait ajouter à un tel fonds par la récompense qu'il demande aux malheureux dont il a été le protecteur et dont il se voit presque l'égal. Stipulant plutôt pour eux que pour lui, il leur demande le tribut d'une prière prononcée sur sa tombe : renouvelant ainsi l'exemple de cet homme de bien, autre lumière de l'Université, du chancelier Gerson, qui était venu aussi placer sa vieillesse dans ce cortége auguste de l'enfance indigente, pour lui consacrer les derniers sons d'une voix admirée des conciles, et qui ne lui avait demandé d'autre prix de ses efforts, que cette prière, dont je veux répéter les simples paroles, pour en orner ce discours; pour me joindre aux infortunés dont il fut le bienfaiteur; pour leur succéder dans la reconnaissance avec Hersan, avec Rollin (*), avec vous tous. « Mon Dieu, mon créateur, ayez pitié de » votre pauvre serviteur, Jean Gerson. »

Tombons ici dans notre vénération devant la source sacrée d'où sont émanés des sentimens si nobles et si purs; devant cette religion qui, à l'époque où les plus belles institutions de la sagesse profane avaient disparu de l'univers, est venue à son tour pour se charger elle-même du soin de nos vertus, tandis que les anciennes religions de tant de peuples semblaient ne s'être chargées que du soin de leurs plaisirs. Un tel hommage devait se présenter ici, et comme une protestation contre les efforts de ces hommes, qui, dans ces temps malheureux, voudraient enlever à la morale affaiblie des nations son plus bel appui, et comme le devoir de la reconnaissance, dans l'éloge de l'homme qui soumettait à cette religion

---

(*) Voyez la fin du deuxième volume du *Traité des Etudes*, et la Harangue prononcée en 1720.

son âme toute entière; qui voulait lui devoir toutes ses vertus, telles qu'elle prétend les inspirer, les diriger, et, pour ainsi dire, les faire.

Elle produit souvent l'éclat de son talent, comme elle fait toujours le fonds de sa morale. C'est là le caractère frappant que présentent cet éloge d'un prince pacifique et ses autres harangues latines qui, sous ce point de vue, annoncent si bien toutes les productions de sa vie. Vous en jugerez surtout par ce morceau si animé sur la fureur des duels, et par la peinture de ces guerriers, qui passent leurs derniers jours dans ce palais que leur a donné un grand roi. Cet esprit religieux, par lequel il vivifie toutes les considérations morales de ses harangues, se fait encore bien sentir dans leur partie historique. Au milieu des événemens qu'il retrace, il aime à faire entrevoir le suprême moteur; et, pour satisfaire aux besoins de son âme pieuse, il se crée une sorte d'épopée, qui, bien ménagée, peut présenter une tout autre grandeur que l'épopée antique. Ne devrions-nous pas cependant lui reprocher de faire trop souvent intervenir ce grand ressort, sur-tout dans nos histoires modernes ? elles ne sont point placées sous la même lumière que les événemens de l'antiquité. La souveraine sagesse ne nous a point donné de ces révélations, de ces textes précis, qui puissent nous aider à découvrir ou à soupçonner ses desseins sur les destinées ultérieures des peuples. Les événemens et les catastrophes de ce drame des empires ne peuvent plus être éclairés à nos yeux que par le flambeau de la sagesse humaine. Si, pour les pressentir, ou pour les juger, nous voulons faire parler ce grand oracle de la religion devenu muet, nous nous exposons à mettre le fantôme de nos imaginations à la place de la pensée divine. Respectons ce voile derrière lequel se dérobe la cause première ; ce voile qui ne se levera pour nous que lorsque le théâtre des événemens aura disparu. Vous le voyez, Rollin ne s'égare jamais que sous l'influence trop vivement sentie de quelques grandes et nobles pensées : et ne croyez pas que ce génie se décolore et languisse, lorsqu'il est transporté hors de cette sphère sublime d'idées, vers laquelle il lui est si naturel d'aspirer. La harangue prononcée quelques mois après l'éloge d'un prince pacifique, pour célébrer les triomphes du Dauphin, duc de Bourgogne; les deux éloges de Louis XIV, qui ont signalé les deux années de son rectorat en 1695 et 1696; la harangue consacrée à l'avénement de Philippe V à la couronne d'Espagne en 1701, dans la cinquième année de sa principalité du collége de Beauvais, nous forcent d'admirer en lui une flexibilité et une vigueur de talent que ne soupçonneraient pas ceux qui se bornent à lire ses productions françaises. Reproduisant quelques traits de cet homme prodigieux, qui parmi nous est tour-à-tour le plus impétueux et le plus grave des orateurs, il sait et peindre les vertus guerrières dans l'énergie de leur action, dans le fracas des plus terribles ébranlemens, et s'élever à ces hauteurs de la politique, d'où l'on découvre tout d'une seule vue. Vous éprouvez, à sa suite, de ces illusions qui annoncent que vous êtes sous l'empire d'une imagination puissante. Vous croyez le voir, ou tout poudreux dans les combats, ou gravement assis dans les conseils; et la pourpre du modeste recteur se présente à vous comme celle d'un consul ou d'un sénateur romain.

A côté de ces discours, dans lesquels Rollin a si bien rempli l'attente de l'Université, vous désireriez peut-être voir des tragédies du genre de celles qui, parmi nous, ont honoré quelques talens, sur-tout dans une société rivale (*). Une tragédie latine étoit, en effet, un tribut annuel, que l'Université, par un ancien réglement, prétendait lever sur chacun de ses professeurs d'éloquence, pour orner ou pour remplacer même ses exercices littéraires, ne considérant pas qu'elle demandait ce que, même parmi les génies du premier ordre, un très-petit nombre pourrait donner. Rollin n'a jamais payé ce dernier tribut. Dirai-je qu'il n'était pas plus dans son talent de faire des tragédies que d'en jouer? ou ce réglement, le

(*) Chez les jésuites.

seul qui l'ait trouvé rebelle, n'aura-t-il pas rencontré plus de résistance dans son caractère que dans son talent ? Il n'est guère donné à l'homme de réussir que dans les genres pour lesquels il se passionne. Or, Rollin souffrait non-seulement dans ses principes, mais dans ses affections, lorsque des solennités scolastiques venaient faire ressembler ce qu'il aimait le plus à ce qu'il pouvait supporter le moins, un collége à un théâtre. Non, il n'a point fait de belles tragédies, mais il s'en est réservé plus de temps pour faire de bons élèves. Lorsqu'il les montrait au public, on les trouvait suffisamment parés de leur propre science. C'était pour ces résultats des solides études, un vrai triomphe sur un monde frivole, étonné de s'y plaire. Dès lors, ces exercices de nos écoles, ramenés dans plusieurs à leur vrai caractère, ont gagné en réalité ce qu'ils pouvaient avoir perdu en apparence. Rollin leur ménageait quelquefois un ornement, mais qui semblait sortir de leur propre fonds et restait un accessoire ; c'était lorsqu'il se montrait lui-même au milieu de ces jeunes talens, pour faire entendre de ces vers dignes de l'ancienne Rome. Jamais il ne fut mieux inspiré, que lorsqu'en 1692 il offrit à l'auditoire une lutte de la poésie et de la peinture, en essayant d'exprimer par la parole ce tableau ingénieux, qui, placé à la tête d'une thèse philosophique de l'abbé de Louvois, présentait, avec une grandeur imposante, ce qu'était alors la France, et ce qu'après de passagères éclipses elle redeviendra toujours. Ce tableau n'existe plus peut-être, mais il a passé tout entier dans les vers de Rollin. C'est d'après sa poésie brillante que les peintres pourront le retrouver sans travail, et le reproduire encore plus beau sans génie : ou, portant plus haut nos regards, c'est là qu'il reste en dépôt comme un éternel modèle pour les grands princes.

Outre ces poésies qu'il consacrait à ces solennités des colléges, il nous en a laissé plusieurs, parmi lesquelles deux se feront toujours remarquer. Dans l'une (*) il re-

(*) Traduction de l'Ode de Boileau sur la prise de Namur.

monte jusqu'à la source à laquelle n'avoit pu atteindre le génie de Boileau, soit affaibli, soit égaré dans un genre qui n'était plus le sien. En le reproduisant dans la langue latine, il le ranime par de si vives couleurs, qu'il en résulte comme une métamorphose, où vous croyez voir Horace lui-même. Rollin finit dans une langue étrangère ce que Boileau n'a pu qu'ébaucher dans la sienne. Ce chef-d'œuvre est l'une des plus fortes preuves de la puissance de l'expression, puisqu'un intervalle immense sépare deux ouvrages qui offrent le même fonds de pensées.

L'autre production (*) vous semble d'abord un jeu; mais vous éprouvez bientôt de ces impressions qui vous annoncent que l'auteur était trop ému pour se borner à des jeux. Un grand homme avait été contraint d'aller mourir sur une terre étrangère. C'est celui qui au milieu de ses discussions théologiques, devenues les combats de toute sa vie, voyant soupirer après le repos un

(*) *Santolius Pœnitens.*

de ses amis qu'il traînait, pour ainsi dire, haletant après lui, le ranimait par ces paroles : « N'aurez-vous pas pour vous reposer l'éternité toute entière ? » Santeuil avait loué ce beau génie par de beaux vers, et avait eu la faiblesse de se rétracter. Dans une fiction qu'embellit une poésie du premier ordre (*), Rollin prête à Santeuil le langage d'un homme qni se repent de cette faiblesse, qui l'envisage comme un crime. Or, telle est la chaleur répandue dans toute cette pièce, que vous voyez bien que l'auteur exprime, ou, si vous voulez, trahit des sentimens bien chers à son cœur. Dans ce moment, j'entrevois au loin quelques nuages qui viennent attrister une si belle vie. Ah ! re-

---

(*) De quelque grand poids que soit pour moi l'opinion de l'ingénieux historien de Rollin, M. Guenau de Mussy, je ne puis souscrire à son jugement si sévère sur la poésie de cette pièce. Vous y trouvez un grand nombre de traits du genre de ceux-ci :

« *Ora sepulchrali fœdatus pulvere, et ater*
Assurgens. »
« *Errabunda fero hùc illuc vestigia, diris*
Distorquens rabida ora modis. »

culons dans le passé, goûtons encore, quelques instans, le plaisir de voir heureux celui que nous aimons. Il l'était sous la multiplicité des travaux dont il s'accablait sans cesse. C'est ce qu'il a pu déjà vous faire soupçonner par ces premiers discours d'éclat dont je viens de parler, quoique dans des productions de ce genre le caractère se montre rarement, ou ne se montre que paré comme le talent même. Mais si vous le suivez dans ces discours d'une moindre étendue que lui commandait en diverses circonstances la nature de ses fonctions, vous achevez de le voir tel que vous l'avez soupçonné; c'est-à-dire, comme un homme tourmenté du besoin immense de servir la jeunesse. Vous finissez par vous intéresser à cette Université, comme il s'y intéressait lui-même: elle s'offre à vous comme une république, dont il est le citoyen le plus distingué. Tout contribue alors à piquer votre curiosité, jusqu'à ce désordre d'un recueil où vous sont présentés ces discours souvent sans date. Vous relisez avec une attention plus vive ces productions d'une époque incertaine, afin de les distribuer convenablement, s'il est possible, dans l'histoire d'une vie qui vous semble toujours plus attachante. Tandis que vous vous abandonnez avec lui à toutes ces idées sévères et imposantes d'instruction, d'ordre public, par quels mouvemens inattendus de la plus douce sensibilité il les interrompt dans ce noble exposé des travaux de son premier rectorat, pour donner des larmes à sa mère qu'il venait de perdre comme au milieu de son triomphe ; et avec quelle énergie il les reproduit et les ranime, lorsque, cherchant ses consolations dans ses devoirs, il se dévoue par un nouveau serment à cette Université, qu'il embrasse comme une seconde mère ! Vous croyez alors plus que jamais qu'une âme si élevée et si tendre devait être aimée de tous, comme elle l'est de vous-même ; et c'est au moment où cette illusion si douce arrive à son comble, qu'elle va se détruire pour vous. Lorsqu'à peine revenu de vos fortes émotions, vous portez sur le discours suivant des yeux encore humides de vos larmes d'admiration et d'amour, les révélations les plus sinistres viennent déconcerter toutes vos pensées et contrister votre âme. Dans ce discours, cet homme qui jusqu'alors avait tonné avec la vigueur de Caton contre le relâchement de la discipline antique, retrouve les plus aimables épanchemens de Cicéron, mais de Cicéron modeste, pour se plaindre des ennemis que lui a faits son dévouement à cette discipline. Alors éclataient sans doute les premiers symptômes de cette faction domestique, qui devait le livrer, pour ainsi dire, aux ennemis du dehors (*). Elle se présente donc encore à moi cette période que j'aurais voulu franchir comme on franchit un abîme ; cette période où d'interminables débats se ranimant au nom des intérêts les plus sacrés, avec plus d'activité que jamais, ont enflammé tant d'amours-propres sans éclairer les esprits.

Cependant elle est moins déplorable qu'on ne pense, puisqu'à commencer par l'homme que nous célébrons, de grands caractères y parurent, montrant dans le malheur toute

(*) Aux jés.....

la fermeté stoïque dépouillée de son faste. Ainsi, en considérant même tous ces débats comme le philosophe superbe, qui ne verrait de part et d'autre que des erreurs, notre humanité, au moment où elle paraît se dégrader par les égaremens de l'esprit, se relève par des vertus. Mais nous plaçant plutôt dans le point de vue où, pour leur propre soulagement, devaient se placer sans cesse les âmes modérées et vraiment chrétiennes du parti vainqueur, admirons ici cette religion sublime, qui, dans ces intervalles où elle cesse d'éclairer des esprits trop curieux ou trop ardens, les animant toujours de ses ineffables influences, fait reconnoître par les plus hautes vertus qu'ils sont encore à elle.

A ces nobles marques, Rollin se présentera toujours avec intérêt à tous les esprits généreux qui ne partageront pas ses opinions : ils admireront du moins sa réserve à les exprimer, et son courage à souffrir pour elles; et sous ce point de vue il n'y aura plus qu'un parti. Que penserons-nous donc de ce discours prononcé en son honneur dans le sein de l'Académie des Inscriptions et Belles-Lettres, dont il fut un associé si distingué; de cet éloge incomplet, où le faible orateur, par des réticences multipliées, vous dérobant les causes des incidens les plus douloureux et les moins prévus, vous livre à tous les supplices d'une curiosité impatiente, à tous les écarts d'une imagination qui se rend coupable de mille soupçons exagérés ?

Ah! sans doute que l'Académie française veut aujourd'hui acquitter en entier la dette de l'académie des inscriptions et belles-lettres; et ici, pour être juste, faut-il même du courage, lorsque l'exposé de la vérité toute entière serait l'éloge de nos rois, et la punition de ceux qui les ont trompés? Je vois bien plutôt l'ornement de mon sujet dans ce qui aurait pu en paraître l'écueil. Le plus beau spectacle se découvre à moi dans ces événemens même que l'on aurait voulu dérober à nos yeux. J'aperçois tout ce que peut l'influence d'une dynastie modérée sur les passions féroces qui frémissent autour d'elle. Vainement dans une sphère inférieure s'agitent des esprits animés par la vengeance; vainement ils font retentir des cris de fureur jusqu'au trône. Ce parti si ardent parvient, je le sais, à égarer deux de nos Rois; mais il ne peut en obtenir que ces mesures où, à côté de leur religion alarmée et séduite, se découvrent toute leur sollicitude pour des Français, tout leur respect pour ces hautes convenances d'une civilisation perfectionnée; il ne parvient qu'à leur faire mettre la vertu sous un ostracisme, dirai-je, adouci par tout ce que l'humanité peut y mêler d'égards, et l'on sent alors que les persécutions viennent de ces sujets perfides, et les égards, du trône.

Vous fûtes, dans ces circonstances malheureuses, les dignes ministres de nos Rois, ô vous, Dargenson, Pelletier, président de Mesme, lorsque vous paraissiez sans cesse en première ligne pour arracher cette noble victime à la rage des persécuteurs, ou pour affaiblir leurs coups!

O spectacle bien différent qui nous a été présenté à la fin de ce dernier siècle, lorsque, le trône ayant disparu, les passions soulevées n'ont plus rencontré de barrières et ne se sont plus signalées que par des combats à mort!

Mais quelle est donc, me direz-vous, la source première de ces persécutions, image anticipée et bien faible, il est vrai, de la tempête qui devait tout bouleverser un jour? L'âme douce que je célèbre ne m'a permis que de nommer ses défenseurs : elle me désavouerait, si je prétendais la venger davantage; disons mieux, si je prétendais la venger. Elle m'avertit de mettre dans mon récit le calme qu'elle a mis dans ses souffrances.

Je ne puis cependant l'immoler à ses ennemis jusque dans son éloge. Je dirai donc qu'en 1703, lorsqu'il faisait prospérer ce collége de Beauvais, où des pères venaient, avec tout l'empire de leur tendresse et de leurs larmes, le forcer de trouver une place pour leurs enfans, alors même, parce qu'il avait correspondu avec l'une de ces âmes ardentes en qui l'erreur partait d'un excès de zèle, il s'est rencontré des hommes qui auraient voulu que la première de nos prisons d'état s'ouvrît pour le recevoir. Mais rassurez-vous : protégé par ce bataillon de gens de bien, dont je viens de vous nommer les chefs, il continuera à faire prospérer encore, il soutiendra du moins cet établissement unique, presque créé par ses soins, et déjà ébranlé par la seule idée qu'un directeur si sage peut lui être ravi. Même quatre ans après, ce sanctuaire des mœurs et des études prendra un caractère plus auguste encore, s'il est possible, en devenant, sous ses auspices, un asile pour l'infortune, un refuge contre ces mêmes coups d'autorité qu'il ne craindra jamais que pour les autres. Sorti alors vainqueur d'une nouvelle attaque, il succombera enfin ; mais ce sera cinq ans plus tard, et comme pouvait succomber la vertu sous une dynastie que l'on pourra bien tromper, mais (et c'est la foi politique des Français, c'est le serment de leur amour) que l'on ne rendra jamais cruelle. Laissons ici dans leurs ténèbres, dans la nuit de leurs complots, les malheureux (*) qui, ayant vécu avec lui, ont pu conspirer contre lui ; qui n'ont

(*) Les chapelains du collége de Beauvais, qui furent les instrumens de Letellier.

vu ses vertus de plus près que pour les haïr; qui n'ont senti avant tous les autres combien son autorité était salutaire, que pour en être jaloux. A l'éternel honneur d'un gouvernement qui aurait bien mérité de n'être jamais abusé, au moment où Rollin reçoit l'ordre de sortir du collége de Beauvais, ses amis lui font envisager un bénéfice comme assuré ; et quoiqu'il ne fût pas étranger à cette noble milice de l'église (*) ; qu'il eût essentiellement servi la religion par ses travaux dans l'enseignement ; qu'il ne possédât qu'une fortune médiocre : cependant, dans ces premiers instans d'une disgrâce, dans ces instans de saisissement et de surprise où il nous est si naturel de chercher partout des appuis à notre faiblesse, il refuse un tel bienfait, parce qu'il ne croit pas l'avoir mérité. Ne perdons pas sitôt de vue ce moment si beau où l'odieux de la proscription s'efface, et où l'éclat de la vertu se ranime. Qu'un tel spectacle soulage un instant nos âmes. Prenons-y des forces, pour en sup-

(*) Il avait été tonsuré.

porter un autre ; c'est celui que va nous offrir le désespoir de toute cette jeunesse du collége de Beauvais. Au premier bruit de ce départ, auquel Rollin lui-même, sans rien dire de précis, s'était efforcé de la disposer avec ces accens que la religion seule peut faire entendre, vous eussiez cru voir la désolation d'une famille qui pleure un père : les jeux suspendus, un silence morne, interrompu seulement par des sanglots, et, bientôt après (c'était vers la fin du jour), une retraite faite sans ordre et avant l'heure dans les lieux du repos, pour y pleurer encore. Mais réprimons notre douleur ; imitons, s'il est possible, la force d'âme de celui qui en est l'objet. Toujours occupé des autres, il s'est d'abord ménagé, dans l'illustre Coffin, un successeur qui puisse rendre sa perte moins sensible. Pour lui, exilé de cette terre classique, sa véritable patrie, il éprouve, un instant, le supplice de n'être plus utile. Mais il s'est bientôt placé sous le charme d'un travail digne de lui. Il a jeté les yeux sur ce rhéteur célèbre, qui, dans son grand ouvrage, reproduit Aristote par la finesse,

Cicéron par la grâce, et les efface par l'ensemble, en même temps qu'il vous fait sentir, par l'austérité de sa morale, qu'il aurait été digne de trouver cette noble définition de l'orateur, accueillie comme par acclamation de tous les gens de bien. Rollin écarte de ce chef-d'œuvre toutes ces considérations qui fatiguent plus les esprits qu'elles ne les éclairent; y place des notes aussi élégantes que lumineuses, et annonce avec grandeur tout l'ouvrage par une préface où il a si bien dérobé à Quintilien et à Cicéron leur manière, que, lorsqu'il cesse de les imiter pour les copier, vous voyez que c'est plutôt par modestie que par impuissance. Du fond de sa retraite, il fait ce présent à la jeunesse. C'est ainsi qu'il sait la consoler de son absence, ou plutôt, c'est ainsi qu'agrandissant la sphère où il avait été renfermé jusqu'alors, il commence à devenir l'instituteur de la jeunesse de tous les peuples. Après cet ouvrage, cette âme céleste se retirait insensiblement de la littérature profane, et s'absorbait de plus en plus dans la contemplation des divines écritures. En 1719 l'Université le rappelle, pour ainsi dire, sur la terre. Elle venait d'obtenir ce grand bienfait de l'instruction gratuite. Elle charge Rollin d'exprimer sa reconnaissance. Rollin s'acquitte de cette noble tâche dans une harangue latine, où il sème de ces idées fécondes qui semblent exiger un grand ouvrage pour arriver à leurs pleins développemens. L'Université le lui demande, priant ainsi l'auteur de suivre l'impulsion de son propre génie. Cette prière, comme il le dit lui-même, était un ordre. A l'honneur d'une telle invitation, elle ajoute celui d'un second rectorat en 1720. Rien, peut-être, n'est capable de ranimer l'enthousiasme des grandes choses, comme le discours qu'il prononça dans ce moment. Il est vrai que l'intérêt, toujours si puissant, des circonstances enflammait encore son âme. L'Université venait, selon lui, de remporter une grande victoire sur un point qui alors était l'objet des contestations les plus graves. Après avoir déployé devant elle le tableau de sa grandeur passée ; après lui avoir rappelé ces temps où, au sein de la pauvreté et des vertus, elle se voyait consultée par les souverains pontifes, par les conciles généraux, il lui crie avec une vivacité qui vous semble nouvelle dans ce caractère ardent, sans doute, mais grave, qu'elle vient de se montrer digne de ses plus beaux jours. Hélas! lorsque je vous le représente à une si grande hauteur, dans une si vive lumière, je ne fais que vous le montrer dans la position même où la foudre vient encore l'atteindre. Brusquement enlevé par une tempête nouvelle aux vœux de sa seconde mère, dont la reconnaissance est forcée de rester muette, il se rappelle dans sa solitude, non pas avec orgueil, mais avec tendresse, la grande tâche qu'elle a indiquée à son zèle; et en 1728, à 67 ans, il publie son Traité des Etudes, premier ouvrage français sorti de sa plume.

Je me représente ces eaux étincelantes qui tombent avec grand bruit d'une source élevée, et qui vont ensuite entraîner dans leur cours des eaux étrangères, pour fertiliser les campagnes. Elles ne brillent plus, elles coulent sans bruit à vos pieds; mais tout s'embellit sur leurs bords; et si quelquefois elles disparaissent à vos yeux, c'est sous la riante végétation qu'alimente leur douce influence. Telle est l'image que je me forme de ce génie si brillant d'abord, si utile ensuite, dont les idées, dans ses derniers ouvrages, s'associant avec tant de grâce à toutes les heureuses pensées des écrivains qu'il rencontre sur son domaine, iront sans cesse féconder, dans les générations naissantes, les germes des talens et des vertus. Plusieurs grands hommes, dirigés par ses préceptes, animés de son esprit, lui devront jusqu'à cet éclat par lequel ils l'auront éclipsé. Outre le déclin des années, différentes causes pourraient expliquer cet intervalle qui sépare ses premières productions des dernières : son peu d'usage de sa propre langue, où il ne s'était point exercé à exprimer les grandes et vives pensées de sa jeunesse ; peut-être le dessein formel de descendre à la portée des intelligences les plus faibles ; enfin la précipitation même de son travail. Il se voyait au milieu d'une fermentation générale. Il se hâtait de donner à la jeunesse une armure, qui pût la protéger contre les traits d'une philosophie audacieuse. Il semblait avoir pris pour modèle ce souverain pontife, que, dans une de ses harangues, il nous peint avec tant de grandeur, s'excitant à faire le bien, sans délai, par la vue de son tombeau dressé d'avance.

Dans cette production nouvelle, se découvrent le professeur, le chef d enseignement, l'historien. Ainsi, la faire connaître, c'est remplir les intervalles que j'ai pu laisser dans mon récit, et en même temps faire pressentir ce que l'auteur peut devenir encore.

Ici, il vous captive moins par le style, mais il vous attache toujours par l'ordonnance; et comme il la développe et la soutient dans un ensemble beaucoup plus vaste que celui de ses discours, il vous donne une nouvelle idée de la force de sa tête. Dès l'abord, il indique à vos regards ces trois grands objets, qui dans un enseignement bien dirigé ne peuvent jamais être séparés : la culture de l'esprit, les mœurs, la religion. C'est vous avertir, dès l'entrée de son ouvrage, du point de vue dans lequel vous devez vous placer pour le juger.

Vous le voyez attentif à exercer nos facultés dans l'ordre où elles se développent. Ainsi, la mémoire se présente d'abord, il lui offre les langues; la raison vient ensuite, il lui offre les sciences; et non-seulement il a bien saisi l'enchaînement dans lequel les grandes parties de son ouvrage devaient se succéder : les nuances les plus délicates ne lui échappent pas. Voyez avec quelle adresse il place son morceau sur le goût, avant de parler de la littérature; et son morceau sur la gloire véritable, avant de parler de l'histoire.

Si dans ce système d'enseignement à-peu-près uniformément établi dans toute l'Europe, il respecte tout ce qui, soumis après lui à un nouvel et sévère examen, a paru irréprochable au grand nombre, il ose réformer certaines parties, qui n'ont rien de respectable que leur antiquité. Ainsi, il voit avec peine que les enfans ne commencent pas par l'étude de la langue maternelle, et que dans l'étude d'une langue étrangère ils commencent par essayer de l'écrire. Il voit avec peine encore que plusieurs, dans un zèle indiscret pour cet enseignement des langues, l'isolent tristement de cette variété de connaissances faciles, qui pourraient tout ensemble délasser et enrichir l'esprit de l'enfance, si elles accompagnaient cette première étude, en attendant ces connaissances plus élevées qui doivent la suivre. Mais pourquoi, infidèle lui-même à ce beau principe, qui semblerait être le sien, d'épargner tous les efforts inutiles, comme de diriger tous les efforts nécessaires, a-t-il pu condamner cette méthode puissante (*) qui, dévoilant le sens de chaque mot, l'ordre de chaque phrase, réduit presque l'intelligence d'une langue à une simple lecture, et par des restitutions adroites, où elle reproduit pour la clarté les mots supprimés pour l'élégance, ne prolonge cette lecture que pour abréger le travail? Cette méthode n'a pas, il est vrai, toute la fécondité que lui supposent

---

(*) Traduction interlinéaire.

ses aveugles admirateurs : elle ne peut pas renfermer tout l'enseignement d'une langue; mais elle en devrait être la base. Si nous voulons une marche rapide dans les progrès ultérieurs, elle ne peut pas nous dispenser de l'étude des règles; mais elle devrait nous y disposer. Offrez-les, ces règles, à un élève ainsi préparé, et elles ne se présenteront plus comme un fardeau à sa mémoire, ni comme une énigme à sa raison, mais comme la dernière lumière qui viendra dissiper tous les nuages que le précédent exercice devait laisser encore.

L'introduction de cette méthode dans le système de Rollin fournirait à la jeunesse un moyen de mieux suivre et l'esprit de ce système, et la marche de nos connaissances modernes, puisqu'elle se familiariserait davantage en moins de temps avec cette littérature antique, devenue plus que jamais notre point de ralliement, au milieu de cette fermentation qui travaille le monde littéraire, et qu'elle pourrait être initiée plutôt aux mystères de ces sciences, qui, par leurs progrès perpétuels, semblent demander une place toujours plus grande dans l'enseignement de nos écoles. Un plan si fortement combiné pour la splendeur et des sciences et des lettres, trouverait encore de grands obstacles, je le sais, dans un siècle où tant d'hommes calculent ce que chaque effort doit produire pour l'accroissement de leur fortune. Mais qu'alors le législateur intervienne lui-même pour se montrer le protecteur immédiat de ces hautes parties de la civilisation, qui pourroient enfin languir, tandis que toutes les autres, que celles du moins qui n'éprouvent pas un besoin sensible de ces brillans auxiliaires, prospéreront toujours assez sous la garde de l'intérêt personnel ; qu'il fasse envisager de grands avantages à la jeunesse lettrée et savante : et plusieurs, qui, pour s'élancer plutôt dans les travaux de la vie civile, auraient satisfait à peine à de faibles études préliminaires, viendront se présenter avidement à ces sources précieuses, d'où l'on croira voir découler, avec l'instruction, les richesses et les honneurs. Alors, dès leur début, des génies distingués, qui, dans les occupations les plus obscures, seraient demeurés inconnus aux autres comme à eux-mêmes, resteront une conquête pour les sciences, pour les lettres, pour les fonctions les plus éminentes dans l'Etat; tandis que le grand nombre, subissant la loi de sa médiocrité, ou de ses goûts, ou de ses intérêts, emportera, du moins, dans les autres parties de l'ordre social, d'heureux vestiges de ses premiers travaux.

Si Rollin n'a pas réformé, autant que des juges sévères pourraient le désirer, dans les premiers degrés de l'instruction, il n'a rien laissé à faire dans l'enseignement de l'éloquence et de la poésie. Avec quelle supériorité de raison il écarte et cet amas de règles fastidieuses qui s'accumulaient, chez les Grecs, dans les traités de rhétorique, à mesure que les vraies beautés fuyaient des discours, et ces matières de compositions chimériques, bien dignes de ces règles si compliquées et si vaines! Retenant les préceptes vraiment utiles, il les place dans un grand jour par des développemens où vous retrouvez toute la lucidité des idées de

Quintilien. Quant aux matières des exercices, il aime à les choisir dans les grands écrivains. Ecartant tout l'appareil qui embellit une pensée principale, il va la saisir dans sa simplicité ; et ce morceau brillant qu'il a détruit, il vous aide à le refaire par des gradations ménagées avec tant d'art, que vous croyez être admis à ce sanctuaire, où le génie préside à ses créations. L'élève ainsi conduit, reste enfin avec le grand orateur, devenu son modèle, et comme son dernier maître.

C'est avec le même talent qu'il dévoile les trésors de la poésie des Grecs et des Romains, qu'il explique ce nouveau langage qui résulte du simple mécanisme de leur versification, sans jamais donner dans les écarts de ces critiques subtils, admirateurs de sens rassis, qui, laissant échapper des beautés réelles, en poursuivent d'imaginaires. Mais cet esprit si gracieux repousse, avec une sévérité qui vous étonne, tout ce prestige de l'antique épopée ; et cet arrêt, qu'il ne rend d'abord qu'au nom de la religion, il le rend ensuite au nom du goût. Il déclare qu'une heureuse combinaison d'incidens puisés dans la nature est une source d'intérêt bien plus féconde que ce merveilleux des anciens.

Cette opinion sur la poésie épique, fût-elle une erreur, vous fait soupçonner en lui une certaine prédilection, un talent marqué pour l'histoire : c'est ce que vous découvrez bientôt dans les essais historiques qu'il vous donne. Son récit, qui coule avec lenteur, vous laisse le loisir de combiner, dans votre esprit, tout cet ensemble d'incidens, que des écrivains supérieurs sacrifient quelquefois à une saillie, à un trait ; et ce grand jour, dans lequel il aime à tout présenter dès le principe, devient bien plus pur, lorsque vous arrivez à ces réflexions qu'il semble avoir détachées avec effort de son récit. Quelques-unes, comme son jugement sur les Gracches, vous laissent dans l'étonnement, parce que vous voyez qu'il a triomphé de certaines préventions auxquelles devait le livrer la beauté même de son caractère, si ami de la paix des Etats. Cet esprit fin et calme, qui lui fait épuiser tous les points de vue sous lesquels on peut envisager les hommes et les choses, vous semble le génie même, lorsqu'il soumet à sa lumière cet ostracisme d'Athènes, solution délicate de cette question pressante : Faut-il que le peuple soit victime de l'ambition du grand homme; ou le grand homme, des soupçons du peuple ? Solution si heureuse, dirons-nous, que la loi, par le plus admirable tempérament, a stipulé tout ensemble pour la liberté du peuple et pour la gloire du grand homme ; qu'en paraissant même le frapper, elle le sert, elle le protége, elle le soustrait bien plus qu'elle ne le livre à la fureur populaire, puisque, se retirant avec ses biens et sa gloire, il ne perd sa patrie que lorsqu'elle n'est plus pour lui qu'un camp ennemi, et que cette disgrâce légère doit hâter la compassion d'un peuple que nous voyons si souvent réparant sa tyrannie par son amour, aux pieds du même héros tour-à-tour sa victime et son idole.

Mais c'est à la fin de son ouvrage qu'il se montre tout ensemble avec le plus de simplicité et de charme, lorsqu'il présente ses idées sur la direction de la jeunesse. Toute sa théorie sur ce grand objet semble être la naïve effusion de son âme. Lorsque son premier soin est d'être ferme, vous voyez que son premier besoin est d'être indulgent. Il veut qu'on établisse d'abord cet ordre rigide dont le chef et les élèves portent également le joug, en sorte que, la première impulsion donnée, ce soient moins les hommes qui mènent l'institution, que l'institution qui mène les hommes. Il pense qu'alors pourra s'exercer, sans se compromettre, cette autorité légère qui dirige sans contraindre, et corrige sans flétrir. Avec quel mélange de dignité et de tendresse il plaide la cause de la pudeur et de l'enfance, lorsqu'il semble protester contre une punition en usage de son temps! punition terrible qui dégrade, qui effarouche les âmes, qui ne leur laisse que le sentiment de leur humiliation, et peut-être l'épouvantable besoin de la vengeance; punition bien moins capable de corriger des méchans, que d'en faire. Il pense que le plaisir de communiquer la science et celui de la recevoir doivent seuls soulager le professeur et l'élève d'un fardeau immense ; doivent, plus qu'aucune autre cause, écarter le scandale de la colère dans l'un, et le danger de la résistance dans l'autre. Bénissons, en effet, le ciel qui, en nous faisant naître dans l'ignorance, nous a donné la curiosité pour en sortir ; qui, en nous créant faibles, a attaché à cette faiblesse même un charme qui appelle à l'instant la protection de tous. Ainsi, dans ce concours de la curiosité de l'enfant qui s'élève vers la vérité, et de la bienveillance de l'homme qui s'incline vers l'enfant, le travail est tempéré par le plaisir ; l'instruction de l'un devient le bonheur des deux. Ce bonheur a été sur-tout celui de Rollin. Or, il eût craint de le compromettre en recourant à ces mesures extrêmes, qui viennent au moins interrompre les plus doux rapports entre le maître et l'élève. Il est tellement pénétré, lorsqu'il s'abandonne aux développemens de sa méthode, qu'il se met en scène à son insu. Nous le voyons conversant avec ses enfans, abdiquant près d'eux l'autorité de sa place, pour essayer celle de la raison ; s'insinuant dans leurs âmes, faisant couler leurs larmes, y mêlant les siennes. Avouons-le cependant : ces procédés si compliqués, si délicats, où l'autorité, la raison, la douceur, paraissent tour-à-tour, ne peuvent être à l'usage que des âmes comme la sienne. Il pouvait espérer de trouver, dans les inépuisables trésors d'un esprit souple, d'un cœur aimant, les expédiens heureux, propres à remplacer le ressort de la crainte : et encore a-t-il succombé quelquefois. Or, ce sont les âmes qui chérissent le plus cette manière de diriger les autres, qui doivent le plus souffrir d'y succomber. Nous pouvons du moins juger de sa douleur par les consolations que lui adressait un de ses illustres amis. Nous oserions donc penser que, pour échapper aux inconvéniens multipliés qu'un tel système présente, non-seulement le grand nombre, mais tous, doivent se retrancher dans cette autorité absolue qui entraîne même sans persuader ; qui fait de l'obéissance une habitude ; qui, par une action puissante, comprime toujours dans les jeunes âmes ce germe d'indépendance prêt à se développer toujours. Ce n'est pas que cette autorité, pour être absolue, doive être violente. Il faut que l'on voie dans la modération des peines la douceur du maître, et dans leur certitude sa fermeté. Il faut sur-tout qu'il ait toujours présent ce bel exemple que Rollin nous propose dans Platon, qui, sur le point de châtier un esclave, s'arrête tout-à-coup, parce qu'il se sent emporté par la colère. Que dans ces déplorables instans où il est sous la tyrannie d'une passion, qui nous dégrade plus sensiblement qu'aucune autre, il fasse comme une abdication passagère d'une autorité qui ne semblerait plus qu'une arme pour la vengeance. Hélas! la terreur produite alors dans ces âmes, qui ne savent obéir que lorsqu'on n'est plus digne de leur commander, la douleur ressentie par celles qui ne voudraient point distinguer leur obéissance de leur amour, suffiront pour tout contenir dans un morne silence. Que le professeur, éclipsé, absent, pour ainsi dire, dans cet orage de la passion, seul puni par elle, ne reprenne son empire que dans sa sérénité, et tout est réparé.

Doucement conduit à la fin de cet ouvrage, vous vous sentez reporté à ces aperçus où l'auteur a dévoilé à vos regards des parties si intéressantes du tableau de l'antiquité. Vous éprouvez un regret, c'est qu'il ne vous ait pas montré ce tableau en entier. Vous lui demandez une histoire ancienne, comme l'Université lui avait demandé un Traité des études. Cette grande tâche, qu'il s'était d'avance imposée à lui-même au milieu de son ouvrage, il la commence à 69 ans et la finit à 77, comme si dans ce déclin de la vie il se fût rajeuni par le zèle. Si quelque chose pouvait lui inspirer une nouvelle ardeur, c'était la pensée qu'il remplissait un vide immense dans l'instruction de la jeunesse. L'antiquité s'offrait éparse dans un grand nombre d'ouvrages. A la voix de Rollin elle s'est reproduite avec un ensemble imposant. Tandis que la jeunesse était captivée par le charme des détails, les juges les plus exercés ont été frappés de la majesté de l'ordonnance. Ils ont avoué qu'il a su élever un édifice digne des magnifiques matériaux qu'il avait trouvés sous sa main. Les événemens les plus importans, la législation des peuples, leurs mœurs, leurs usages, leurs arts, leurs personnages remarquables, tout se présente à vous dans un ordre si lumineux, si attachant, qu'enlevé aux temps modernes vous ne vivez plus que dans l'antiquité.

Parmi tous ces peuples qu'il fait passer devant vous, vous voyez bientôt grandir cette étonnante république, qui enfin soumet tout à ses lois, et qui, dans ce domaine de l'histoire, semble demander une place digne d'elle, comme pour y régner encore. Ce sera pour Rollin la matière d'un nouvel ouvrage. Comme ces guerriers qui veulent mourir en combattant, il le commence l'année même où il finit le premier; et le public reçoit en même temps les derniers volumes de l'histoire ancienne et le premier de l'histoire romaine.

Je ne sais s'il n'était pas plus propre que beaucoup d'écrivains d'un ordre supérieur à nous donner l'histoire de cette république et de toutes les autres. Un si petit nombre d'hommes, dans ce long débat entre les partisans de la liberté et ceux du pouvoir, savent se représenter les choses sous ce jour heureux qui dispose à la tolérance et mène à la vérité ; je veux dire, savent voir, d'une part, des âmes ardentes et fières, qui peuvent embrasser la cause de la liberté comme celle de la vertu même ; et de l'autre, des âmes modérées et circonspectes qui se retranchent dans ces idées imposantes d'ordre, de stabilité, qu'elles ne croient compatibles qu'avec leur système d'autorité absolue ! Heureux les hommes rares qui envisagent ainsi ce grand débat ! Une telle discussion leur offrant de part et d'autre de la noblesse dans les motifs, ils se disent constamment à eux-mêmes que les âmes les plus honnêtes peuvent se trouver dans les rangs opposés ; et dès-lors ils échappent au tourment de haïr, et méritent le rôle de juge, qui est celui de l'historien. L'âme de Rollin était naturellement placée à cette hauteur. Vous voyez qu'une monarchie paternelle obtient avant tout son admiration et son amour. Mais il ne s'effarouchera pas du spectacle de cette république romaine; il n'en fera pas la satire sous prétexte de vous en donner l'histoire, comme on a pu le reprocher de nos jours à cet écrivain, qui, instrument trop docile d'un tyran ombrageux, semblait vouloir immoler, aux pieds de son nouveau trône, cette république dont la grande image le faisait pâlir. C'est ici qu'une opposition frappante va faire ressortir la grandeur de cette âme modérée. Il s'est présenté parmi nous de ces hommes impétueux qui semblaient devoir être les martyrs de leurs opinions; et du moment qu'ils se sont vus en présence de ce despotisme, sorti tout armé du sein d'une révolution, qui devait, disait-on, enfanter la liberté, ils ont ou trahi par leur silence, ou flétri par leurs écrits ces mêmes doctrines qu'ils avaient préconisées avec transport. Peut-être même qu'après tant de maux accumulés, lorsqu'une multitude en délire poursuivait cette chimère de république, ils ont embrassé ce système d'un pouvoir absolu avec la même sincérité qu'ils l'avaient combattu : âmes alors bien malheureuses ! toujours esclaves de l'impression du moment ; qu'une première peur précipita dans l'anarchie, qu'une seconde peur plongea dans la servitude ; éternellement condamnées à éveiller le despotisme par leur turbulence, ou à déshonorer l'espèce humaine par leur faiblesse. Au milieu des fluctuations de ces hommes qui, égarés par l'expérience du moment, ou entraînés par leur inconstance, ou déterminés par les motifs les plus vils, combattent la liberté comme une horreur, ou l'abandonnent comme une mode, ou la sacrifient à une nouvelle idole ; Rollin, dans un calme majestueux, sait toujours sentir et déclarer les avantages qui en découlent. Il ne l'exalte pas avec un air menaçant ; mais il la respecte. Il semble avoir trouvé dans son humanité ce que tant de philosophes hautains n'ont trouvé que dans leur orgueil. Tous ces systèmes de gouvernement tempéré, où la loi devient plus puissante que l'homme, se présentent à lui dans un bel accord avec la morale. Et en même temps cette morale est, à ses yeux, une émanation et de ces rapports naturels qui nous unissent, et de ces autres rapports qui nous rappellent à l'auteur de notre être. Or, ce dernier point de vue, s'il n'empêche pas l'enthousiasme pour les choses de la terre, en préviendra les écarts. C'est ainsi que s'élevant toujours dans ses pensées, il va puiser jusqu'à la source et le principe et la mesure de son amour pour cette liberté, à laquelle tant d'autres sacrifient sans mesure, sacrifient en aveugles, jusqu'au point de l'immoler elle-même. Cultivée par l'homme qui voyait de si haut, l'histoire ne pouvait porter que d heureux fruits. Tous ces sentimens que l'énergie républicaine inspire, en passant par cette âme religieuse et pure, se dégageaient de cette rudesse qui pouvait les rendre terribles dans une monarchie, pour arriver à l'âme de la jeunesse dans cette mesure qui devait les rendre salutaires. D'une si belle école vous verrez sortir non-seulement des littérateurs, mais des citoyens. Ce que l'ardent Romain faisait pour la patrie, ils le feront pour le prince qui la représente.

A côté de ces immenses avantages qui résultent de ses histoires, que deviennent les erreurs qu'on a pu lui reprocher? Il s'est trompé, peut-être, sur quelques dates, mais non sur les impressions que l'historien doit s'attacher à produire. Il a pu errer où il fallait quelques degrés de plus d'érudition, mais non où il fallait du goût et de l'âme ; et ses erreurs entraînées dans le cours de ses belles et simples compositions historiques, passeront innocemment pour laisser les cœurs dominés par ces douces émotions qui disposent à bien faire.

On a pu reprocher encore un manque d'originalité à son ouvrage, de force à sa pensée, et d'éclat à son style.

Réponse au premier reproche.

J'avoue qu'on voit s'aggraver dans ses compositions françaises un défaut qui se fait un peu remarquer dans ses compositions latines les plus belles. Se défiant trop de ses forces, il aime à s'appuyer sur un grand écrivain. Mais ne trouverons-nous pas ici plutôt la matière d'un éloge que d'un reproche? Dans cet intervalle si court que lui laissait son grand âge pour atteindre à son but, quel est l'heureux génie qui aurait pu y arriver en s'obstinant toujours au travail de la composition originale? Plus empressé de servir que de briller, il a prouvé son zèle en laissant parler tant de grands hommes à sa place, et son goût dans l'emploi de leurs chefs-d'œuvre.

Réponse aux deux autres reproches.

J'avoue encore que, lorsqu'il marche seul, il présente rarement ces combinaisons d'une narration hardie, qui fait qu'une grande multiplicité d'événemens roulent à-la-fois et distinctement devant vous; ces traits d'un génie pénétrant qui les annonce dans leurs causes et les dessine, pour ainsi dire, dans leurs germes; ces grandes idées qui, agissant long-temps sur les âmes, leur donnent la force de se soutenir par elles-mêmes et de dominer constamment toute cette scène des empires. Descendant enfin aux procédés de la composition, je reconnaîtrai qu'abandonné à lui-même, il laisse regretter quelquefois, dans les sujets brillans, cette parure d'expression, cette aisance, ce mouvement qui distinguent sa phrase latine. Il semble que, par la force de ses études, il a passé d'une langue dans une autre. Sa langue natale lui paraît un peu étrangère, et une langue étrangère paraît sa langue natale. Voilà ce qu'on peut remarquer, lorsqu'en lisant ses histoires on a pris la résolution de les juger sous le rapport de la pensée et du style. Mais cette résolution même, il vous la fait souvent oublier. Comme il réunit au moins les qualités essentielles, une nette distribution des détails, une juste appréciation des résultats, une diction généralement claire et pure, vous êtes bientôt dans le cas d'un homme qui, attentif à une grande variété d'objets, ne s'occupe pas de la lumière qui la lui découvre. J'irai jusqu'à dire que, pour peu que vous soyez doué de sensibilité, vous éprouvez de ces émotions où vous pourriez craindre, dans vos jugemens, d'être trompé par votre plaisir, si ce plaisir lui-même ne devait pas être la mesure de vos jugemens. La divine inspiration de la vertu, réparant ce qui pourrait manquer à la pensée et au style, embellit à vos yeux ses pages les plus simples. Il est des écrivains si éloquens, qu'ils paraissent vertueux (le croire, du moins, est le besoin des belles âmes, comme c'est même le système de quelques bons esprits (*); mais lui, il est si vertueux, que, même sans art, il en devient éloquent. Mille fois vous vous sentez attendri et meilleur; et dans votre reconnaissance, en dépit de toutes les réclamations des esprits fins, mais froids, vous prononcez au fond de votre cœur que c'est un grand écrivain.

Un reproche bien plus grave, à ses yeux, que tous les précédens, lui a été fait souvent par ses amis et par lui-même. Et je ne sais si, jusques dans ses efforts pour ne pas le mériter, il ne nous fait pas sentir qu'il le mérite encore, et si nous ne devons pas l'en chérir davantage. Dans ce que je vais dire, si je perds de vue l'écrivain pour ne plus voir que l'homme, et si ensuite je porte, un instant, mes regards sur cette religion qui

---

(*) Pour être éloquent, il faut sur-tout savoir exprimer de nobles sentimens, et pour les bien exprimer il faut les éprouver; ce qui nous met sur la voie de l'ancienne définition de l'orateur.

l'attirait tout entier à elle, je croirai avoir reproduit, par la succession même des idées de ce discours, comme une image des opérations de cette âme, qui, ennoblissant son talent par son caractère et son caractère par la religion, s'élève enfin à ces hauteurs où elle se dérobe à nous, pour ne nous laisser plus voir que cette puissance auguste, sous la garde de laquelle elle a placé ses vertus. Lors donc qu'averti, pour ainsi dire, d'en haut, il suspend son admiration pour les vertueux personnages de l'antiquité, vous voyez qu'il résiste à l'un de ses penchans les plus doux. Vous diriez un homme qui subit le supplice d'avoir à condamner ses amis. Il a beau nous déclarer que l'orgueil a inspiré leurs actions les plus belles, il paraît plutôt le croire que le sentir. Et l'on peut dire de cette âme si naturellement modeste, qu'il a fallu que l'orgueil de l'homme lui fût révélé. Avec quelle fierté cependant (je suis forcé d'emprunter ce mot au langage des passions pour exprimer une vertu où n'entre aucune d'elles), avec quelle fierté cependant il savait se relever, lorsque, pour l'honneur de ses fonctions, il s'agissait de réprimer la vanité des petites âmes; lorsqu'il s'agissait de leur faire sentir toute la dignité, j'allais presque dire, toute la majesté de cette profession, qui, régnant sur les générations naissantes, influe si puissamment sur l'avenir des peuples! O jour de triomphe pour elle, que celui où le plus modeste des hommes, faisant sa grande affaire d'une étiquette qui pouvait sembler frivole, resta vainqueur des prétentions de ce personnage, qui, à force de vouloir relever les prérogatives de son rang, semblait avoir oublié l'esprit de son ministère! De tels procédés de la part d'une âme si pénétrée des sentimens évangéliques, ne sont-ils pas une nouvelle preuve de la force de ce caractère, qui savait concilier tout ce qui est grand, et une victorieuse réponse à ceux qui nous présentent l'humilité chrétienne comme funeste à l'harmonie sociale, parce que le chrétien, dépouillé de l'orgueil, leur semble livré sans défense aux attaques de l'orgueil d'autrui? C'est en effet une position délicate que celle où l'homme est forcé de combattre la vanité des autres et la sienne. Mais la même religion qui lui défend de s'élever dans l'orgueil de ses pensées, lui ordonne de maintenir avec fermeté toute cette portion de l'ordre social, dont il est le dépositaire ; et en lui montrant ainsi sur tous les points son devoir toujours présent, elle sait lui trouver des motifs qui n'ont plus rien de commun avec cet ordre social lui-même. Elle met l'éternité sous ses yeux ; et alors, bien loin de se sentir trop faible dans ce conflit de passions qui l'entourent, il combat, pour ainsi dire, avec une armure divine. Ainsi, dans cet admirable système, l'homme du plus haut rang saura le défendre sans orgueil, comme le vrai soldat sait combattre sans colère.

Restons dans ce dernier point de vue, où nous avons à finir le portrait de l'homme lui-même ; et observons-le non plus dans cette sorte de magistrature perpétuelle où nous l'avons admiré jusqu'ici ; mais dans l'intérieur de sa vie privée, dans ses relations avec la société ou avec ses amis.

Et d'abord personne n'a peut-être donné

un plus magnifique démenti à une sévère maxime de l'un de nos vrais philosophes, puisqu'il a sur-tout paru grand aux yeux de son fidèle serviteur de quarante ans, de cet homme qu'il avait chargé de le représenter auprès des malheureux; de les servir, en quelque sorte, avant lui-même; de consulter dans des largesses sans cesse renaissantes, non pas sa fortune, mais leur misère.

Des invitations réitérées l'arrachaient-elles à ses travaux, au milieu de toute la joie d'un repas ce qu'on pouvait lui offrir de plus agréable, c'était un enfant à encourager, à interroger, à éclairer. Si l'on n'avait point su ménager cet assaisonnement à ses plaisirs, il se retirait avec une sorte de remords; il croyait avoir perdu sa journée. Et, quoiqu'il fût habituellement livré à la retraite; même dans ces momens où il réalisait, au milieu d'une société, cette scène d'un professeur et de son élève, il était loin de ces formes repoussantes et sauvages, qui, chez un peuple, juge bien plus sévère des manières que des mœurs, seront toujours un si grand tort, puisque dans l'homme d'un grand savoir elles font qu'on ne croit plus, en général, aux avantages du savoir, et que dans l'homme du plus grand talent elles font qu'on ne croit plus en lui au talent même. L'aménité et la grâce le distinguaient même parmi ceux qui, négligeant le fond pour les formes, ne veulent point un mérite plus substantiel que l'aménité et la grâce. Jamais on ne lui surprit le plus léger effort pour occuper la première place dans la conversation. Il est vrai que dans la profonde vénération que l'on éprouvait pour lui, tous s'étaient comme rangés d'avance pour la lui céder.

Ce beau caractère qu'il développait dans les sociétés, se retrouve bien dans son commerce épistolaire. Lisez les fragmens précieux qui nous en restent; vous verrez que toujours une grave pensée l'occupe, mais que toujours aussi il est attentif à suivre les convenances les plus délicates. Ainsi, se trouve-t-il en rapport avec ce grand poète lyrique, en qui le caractère ne paraît pas avoir répondu au talent, il n'a rien de plus à cœur que de rétablir cet accord, qui est pour lui une beauté tout autrement chère que tous les chefs-d'œuvre des arts. Mais quel tempérament, quelle réserve ! comme il est long-temps combattu entre le besoin d'avertir et la crainte d'offenser ! et avec quel bonheur enfin, empruntant les insinuantes paroles du plus éloquent des apôtres, il ne laisse plus voir que la religion et l'amitié, qui lui commandent de frapper pour guérir !

De cette correspondance passez-vous à celle qui a été suivie depuis 1737 jusqu à 1740, entre lui et le grand Frédéric, ce même caractère se reproduit devant vous avec un redoublement d'intérêt ; c'est, si vous voulez, le même portrait dans un cadre plus brillant. Vous le voyez touché sans doute de l'avantage d'entretenir un prince ; mais c'est parce qu'il croit y découvrir une voie plus abrégée pour servir les hommes. Et tout se met ici dans un beau rapport : ni l'écrivain ne ressent de l'orgueil, parce qu'il correspond avec un grand prince ; ni ce grand prince ne laisse soupçonner nulle part la fierté d'un protecteur. Vous remarquez de part et d'autre le langage d'une amitié qui devient toujours plus tendre ; vous sentez enfin couler vos larmes ; et c'est le vainqueur de Rosback qui, en s'adressant, comme il le dit lui-même, à son cher, à son vénérable Rollin, a, le premier, l'avantage d'agir ainsi sur vous. Rollin, arrivé alors à près de quatre-vingts ans, sentait approcher sa mort. Vers la fin de sa réponse, qui est sa dernière lettre à ce prince, il lui parle d'une amitié qu'il voudrait éternelle ; et vous sentez qu'il fait un effort sur lui-même pour ne rien dire de plus que ces paroles, comme il en avait fait un autre pour ne pas les dire plutôt. C'est que, l'œil toujours fixé sur une autre existence, il était effrayé plus que jamais de cette différence de religion, qui semblait devoir le séparer pour toujours de son auguste ami : et par cette dernière effusion de son amour, que sa réserve rendait encore plus touchante, il aurait voulu anéantir cette barrière, en opérant une révolution dans l'âme royale à laquelle s'adressait la sienne. Ame divine (et je ne fais ici que te donner un nom qui te fut décerné, dès ton enfance, par celui (*) qui devait le mieux te con-

(*) Hersan.

naître), des marques d'une plus vive tendresse, voilà donc tes derniers moyens pour inspirer ta croyance aux autres hommes! voilà ton intolérance! Ainsi nous fais-tu sentir que si cette religion, qui te fut toujours si chère, mais qui se montre si menaçante contre ceux qui n'y croient pas, avait pu faire naufrage en toi, c'est dans ton humanité seule qu'elle aurait trouvé son écueil.

Et je parle d'une victime de l'intolérance! et, ce qui redouble mon supplice, je prononce encore ce mot, devenu le cri d'alarme de tant de furieux, qui se sont montrés eux-mêmes les plus intolérans des hommes! Puisqu'il entre dans ma tâche de vous tracer comme une double histoire, de vous présenter, d'une part, l'homme qui mérite tous les témoignages de vénération, qui les obtient même de l'étranger et de la plupart de ses compatriotes; et de vous le présenter, de l'autre, traité par le gouvernement de son pays, seulement avec ces égards que l'on peut attendre d'un ennemi généreux; je me hâterai du moins dans ce qui me reste à dire de cette douloureuse partie de sa vie, que j'ai voulu me dérober à moi-même en plaçant ses grands ouvrages, ses grandes qualités, tous les hommages des âmes justes entre nous et ses malheurs ; je me hâterai, recherchant toujours quelques vertus sur lesquelles nous puissions reposer nos regards.

Dès l'année de son départ du collége de Beauvais, arrive parmi nous cet acte fameux que je ne veux pas nommer par respect pour la paix qu'il n'a pu rétablir. Rollin en appelle à la puissance suprême, avec l'Université, en 1718. Devenu comme le ministre public de cette Société dont il ne reçoit pas un ordre que sa conscience ne lui ait dicté d'avance, il exprime dans une déclaration éloquente les motifs de cet appel en 1719 ; il le renouvelle en 1720, époque où il avait été nommé recteur, principalement pour cette grande cause ; offrant ainsi le spectacle le plus frappant que puisse donner dans un homme le contraste de son caractère et de sa position. En effet, il soupire sans cesse après la paix, et, pour la concilier avec des principes qui lui semblent inviolables, il est presque forcé de pousser des cris de guerre ; il voudrait être confondu dans la foule, et il voit l'Université se ranger autour de lui, comme une armée fidèle ; il redouble à chaque instant de résignation et d'humilité, et à chaque instant son ascendant redouble. Violemment reporté dans sa retraite, il est poursuivi jusques sur son domaine par l'autorité courroucée, puisqu'elle vient lui interdire tout espoir d'une admission dans cette assemblée qui aujourd'hui l'honore. Privé de cette perspective encore plus chère à l'humanité des grandes âmes qu'à la vanité des petites, puisque cette réunion choisie sera toujours, pour les écrivains généreux, l'image de cette société qui doit les unir tous, il n'en trouve pas moins au fond de son cœur d'assez puissans motifs pour se livrer aux plus grands travaux. Au milieu de ces travaux mêmes, dans le sanctuaire qu'il leur a consacré; malgré sa promesse formelle de rester étranger à tous ces excès que les passions humaines mêleront toujours aux plus belles causes, il subit deux fois l'outrage de ces visites que les criminels seuls devroient redouter. Il s'en plaint avec force et avec décence au ministre qui les avait ordonnées ; qui, il est vrai, avait en même temps commandé toutes ces mesures de bienséance que le caractère de la victime commandait avant lui. C'était ce même ministre, qui, éloigné par son naturel de toute tyrannie, devait ensuite lui donner les marques de l'intérêt le plus tendre, à l'occasion de son avant-dernière maladie ; devait s'empresser, au nom du Roi et au sien, de lui envoyer, de lui dédier, si je puis le dire, un exemplaire de cette belle édition de l'Orateur Romain, entreprise aux frais de l'Etat. Mais je poursuis ma triste tâche. J'ai voulu seulement la rendre moins triste, en parlant de l'humanité de celui qui se voyait condamné, je ne dirai pas par je ne sais quelle fatalité, lorsque les fautes des hommes sont si manifestes, mais par le plus déplorable système, à prendre les apparences d'un persécuteur. Toujours forcé de se montrer au premier rang dans l'Université (sans parler de sa grande réputation), comme l'un des principaux membres de la faculté des arts, comme doyen de la tribu de Paris, dans la nation de France, il s'oppose, en 1739, à la révocation de l'appel. Exclu, dès-lors, avec plusieurs, des assemblées générales et particulières de cette Société, il fait connaître au courageux syndic Gibert, puni de sa résistance par l'exil, qu'il voudrait lui donner d'autres marques de ses sentimens que des discours et des larmes, et il trouve dans la sublime réponse de ce collégue, ainsi que dans le reste de sa conduite, un caractère digne du sien. Cet homme auquel, dans ce moment, il offrait sa fortune, était celui qui, à d'autres époques, avait critiqué ses principes littéraires avec une amertume rendue plus sensible encore par l'aménité de la réponse. Mais il était décidé que les traits les plus nobles des grands caractères viendraient de toutes parts embarrasser, surcharger cet éloge. Après cet orage, le dernier de sa vie, il poursuit, sans distraction, son histoire romaine, jusqu'au moment où l'ouvrage échappe à sa main mourante. Il lègue alors ce grand travail, avec tous ses biens, au plus cher de ses disciples, à celui auquel il a payé avec usure tout ce qu'il avait reçu d'Hersan. Mais une part avait été faite d'avance pour cet ancien serviteur, élevé au premier rang de ses amis. Dégagé enfin de tous les soins de la terre, au milieu d'une assemblée en larmes, le front serein, et, si je puis le dire, frappé d'avance d'un rayon de cette immortalité qui fut l'attente et la consolation de toute sa vie, comme un captif qui chante sa délivrance, il fait entendre ces paroles dernières : « C'est aujourd'hui un jour de fête. »

Ame divine ! qu'il me soit encore permis de m'adresser à toi dans ce moment, où, arrivé sur ta tombe, je sens mes souffrances finir avec les tiennes. Si, au milieu des félicités qui doivent être enfin ton partage, tu peux être sensible aux hommages de la terre, sans doute que l'orateur qui viendrait te louer dans ces solennités consacrées aux triomphes de la jeunesse de cet empire, ménagerait à ton éloge un appareil plus conforme à tes vœux que toute la pompe académique où doit retentir le discours le plus digne de toi. Te louer devant cette jeunesse, c'est te louer en famille; et te louer dans de tels jours, c'est renouveler pour toi la joie de ces triomphes que tu savais si bien partager avec elle.

Mais moi-même je serais coupable à mes yeux, j'aurais manqué mon but, si je ne me hâtais de recueillir le fruit salutaire de cette dernière et douloureuse partie de mon discours. En présence de cette image de l'homme vertueux, poursuivi jusqu'à sa tombe au nom même de cette religion qui était venue remplir toute sa vie, embrassons tous ensemble ce système de conciliation et d'amour, que le plus prévoyant des Rois, debout sur des ruines qu'il répare, s'obstine à nous montrer à travers les nuages de nos passions. Eh! n'est-il pas alors le digne interprète de cette religion, qui foudroie avec tant d'éclat toutes ces haines, que nous sommes convenus d'appeler haines de religion? comme si le langage de l'homme s'était mis d'accord avec ses passions pour calomnier ce qu'il faut qu'on adore, en présentant le remède comme le mal lui-même.

Mais, ne serait-ce que d'aujourd'hui que la France aura vu des honneurs solennels décernés à l'un de ses bienfaiteurs, à l'homme qui a tellement accompli tous les préceptes, tous les conseils de la morale, que le louer dignement c'est donner des gages à la vertu ? Nos princes, qui savent si bien nous précéder dans ce qui est honnête et grand, se seraient-ils laissé devancer par l'Europe entière, sans se hâter de consacrer son exemple par le leur? Non, non, depuis long-temps si nous avions eu besoin d'être avertis, le plus beau signal est parti d'en haut. Ce Monarque, aussi malheureux que bon, Louis XVI, acquittant la dette de son prédécesseur, a voulu (Remarquez cette haute pensée du prince) qu'une statue fût élevée à Rollin entre Bossuet et Turenne. Ah! par où puis-je mieux terminer ce discours, comment puis-je mieux suppléer à sa faiblesse que par ce tableau de la vertu sur le trône, couronnant la vertu dans un sujet? Vous diriez que l'infortuné Monarque, pressentant l'orage, avait voulu désarmer le ciel de ses foudres, demander grâce pour la terre, par cette image de l'homme de bien, élevée au milieu de la corruption toujours croissante.

L'orage a grondé, et au milieu de l'épouvantable nuit répandue sur la France le crime seul, pendant long-temps, n'a point erré dans sa route. Aujourd'hui que la sérénité succède, pour soulager nos âmes fatiguées de tant de révolutions contemplons sur un nouveau théâtre cette scène sublime, interrompue sur la terre. Voyons la victime la plus vénérable de nos temps malheureux, qui a repris dans le ciel sa couronne; voyons-la sourire encore à celui qu'elle a honoré de ses hommages dans sa première et lamentable existence. Heureuse l'assemblée qui, dans son tribut de respect et d'amour, s'associe, ou plutôt associe avec elle la France et le Monde à ce spectacle auguste, devant lequel tous les discours doivent finir!

FIN.

www.ingramcontent.com/pod-product-compliance
Ingram Content Group UK Ltd.
Pitfield, Milton Keynes, MK11 3LW, UK
UKHW022118260726
13993UKWH00003B/1084